Kurt Morawietz

Giuseppe Scigliano

Bittere Erde
Terra Amara

Edition Collage Hildesheim

Impressum

Herausgegeben von Peter Herwig
Lektorat Wolfgang Herwig, Marie-Luise Herwig
Foto G. Scigliano
Alle Rechte vorbehalten
All Rights Reserved

Copyright Edition Collage 1988

CIP Kurztitelaufnahme in der Deutschen Bibliothek

"Bittere Erde"/Lyrik und Kurzprosa
= Terra Amara
Kurt Morawietz; Giuseppe Scigliano.
Hrsg. von Peter Herwig. Übers. von Francesca De Iuliis;
Luigi Artioli.
Hildesheim: Edition Collage, Musik- u. Textverl. Herwig 1988
(Reihe "Kaleidoskop International" : 04)
Einheitssacht.: Terra amara
Texte dt. u. ital. - Aus d. Ms. übers.
ISBN 3-924479-19-4
NE: Morawietz, Kurt, Mitverf., Scigliano, Giuseppe, Mitverf.,
Herwig, Peter, Hrsg.
PT: GT

Gedruckt mit Haushaltsmitteln des Landes Niedersachsen

℗ + © Edition Collage 1988
Musik & Textverlag Peter Herwig
Gerlandstr. 38

3200 Hildesheim

Gesamtherstellung: OFFSET-Feege, 4470 Meppen

ISBN 3-924479-19-4

Herausgegeben

von

Peter Herwig

Vorwort

Seinen Titel "Bittere Erde - Terra amara" führt dieser Gedichtband auf einen Text von Giuseppe Scigliano zurück. Darin geht es um das Leid, die Not, die enttäuschten Hoffnungen und Sehnsüchte von Sizilianern, die wegen der erdrückenden Armut ihre Heimat verließen. - Bittere Erde!

Bitter ist die Erde, ist das Leben aber nicht nur für Emigranten. Jeder von uns erfährt es immer wieder aufs neue: Keinesfalls leben wir im "Paradies". Und: "Leben" schließt unausweichlich zugleich auch mit ein das Sterben, den Tod, aber auch die vielen Bitterkeiten, die zwischen diesen beiden Polen tagtäglich leidvoll erfahren werden, so wie das etwa Kurt Morawietz in zwei ebenso unterschiedlichen wie verwandten Gedichten zum Ausdruck bringt, in "Hannover, Altes Rathaus" oder "Aus dem Gesang 'Jahrgang 30' ".

"Terra amara" ist aber - allen vorstellbaren Vermutungen zum Trotz - kein fatalistisches Buch geworden. Nicht Resignation bestimmt seinen Grundton, sondern der nüchterne, unbestechliche Blick auf das Leben, wie es war, wie es ist - ein unerschrocken realistisches Buch, das wohl gerade deshalb das Prädikat "menschlich" verdiente.

Dieser Band vereinigt nun Texte zweier zunächst recht unterschiedlicher Autoren: des Italieners Giuseppe Scigliano (Jahrgang '51) und des weit über Hannovers Grenzen hinaus bekannten Lyrikers Kurt Morawietz (Jahrgang '30). - Beide haben sich des gleichen ernsten Themas angenommen und ihre Texte, sagen wir es so, zu einem "lyrischen Dialog" angeordnet.

Der ist so arrangiert, daß zunächst Scigliano mit einem italienischen Text zu Wort kommt, dem sich die deutsche Übersetzung anschließt. Dann folgt ein deutsches Gedicht von Morawietz, dem die Übersetzung ins Italienische folgt. Dieser Wechsel wird konsequent bis zur letzten Seite eingehalten. - Und so, weil thematisch abgestimmt, ergibt sich durch die hier gewählte Abfolge der Texte tatsächlich ein Dialog, der - selbst bei ironisierenden Passagen (Morawietz) - zeigt, daß beide Autoren, unterschiedlich nach Alter und "Nationalität", gleiche Erfahrungen, ähnliche Empfindungen teilen, daß sie sich und uns etwas zu sagen haben.

"Bittere Erde" - ein Gedichtband, der mit seinen oft sprachlich subtilen Metaphern auch die konkreten Erfahrungen des Lesers umschreibt. Ein Buch, das keine Grenzen des Alters, der Nationen, der gesellschaftlichen Gruppen kennen sollte, dem - weil es aus persönlicher Betroffenheit heraus ungeheuchelt ehrlich ist - viele Leser zu wünschen sind. Und das nicht zuletzt auch deshalb, weil dieses Buch - und auch das ist nicht selbstverständlich in unserer Zeit - trotz erlebter Bitterkeiten kein verbittertes Buch ist. - Vielleicht macht es sogar Hoffnung ...

Wolfgang Herwig

Prefazione

Il suo titolo "Terra amara" "Bittere Erde" ricollega la presente raccolta di poesie ad un testo precedente di Giuseppe Scigliano. Questo tratta della sofferenza, dell'indigenza, delle speranze deluse e delle aspirazioni e nostalgie dei "meridionali" che, spinti dalla più squallida miseria, abbandonarono la loro terra. Terra amara!

Amara è la terra, è la vita, ma non solamente per gli emigranti. Ognuno di noi si rende continuamente conto del fatto che non viviamo appunto in un "paradiso". E "vivere" implica ineluttabilmente "morire", cioè la morte, ma anche tutte le amarezze che entro questi due poli, proviamo ogni giorno dolorosamente, proprio come Kurt Morawietz esprime in due sue poesie tanto differenti quanto nel contempo affini: "Hannover, il municipio vecchio" e "Dalla canzone: la classe del trenta".

"Terra amara" però - nonostante quanto si potrebbe supporre - non è diventato un libro fatalistico. Quello che condiziona il suo tono non è la rassegnazione bensì una visione oggettiva ed incorruttibile della vita, tanto di quella presente, quanto di quella passata. Un florilegio audacemente realistico, che già per questo meriterebbe il predicato "umano".

Il presente libro raccoglie poesie di due autori a prima vista ben differenti: dell'Italiano Giuseppe Scigliano (nato nel'51) e dell' editore di "Horen" Kurt Morawietz (nato nel '30) noto di già oltre i confini della Germania. Entrambi si sono scelti lo stesso tema ed hanno disposto le loro poesie, diciamo così, in un "dialogo lirico".

La raccolta è stata strutturata in modo tale che, per primo prende la parola Scigliano con una poesia in italiano e con relativa tradutione tedesca a fronte. Segue poi una poesia in tedesco di Morawietz, anche questa con relativa traduzione in italiano a fronte. Questa alternanza viene rispettata coerentemente fino all'ultima pagina, cosicchè, grazie all'armonizzazione tematica, ne scaturisce in effetti un dialogo che mostra - anche lì dove si ironizza (Morawietz) - quanto congeneri siano le esperienze, quanto simili le sensazioni dei due autori (di età e di nazionalità diverse) e quanto abbiano da dirsi e da dirci.

"Terra amara" - una raccolta di poesie che con le sue spesso sottili metafore linguistiche traduce anche le esperienze concrete del lettore. Un libro che non dovrebbe conoscere frontiere di età, di nazionalità, die gruppi sociali, - perchè i due autori, essendo personalmente toccati, conferiscono a questo libro un' estrema sincerità - e al quale sono da augurare molti lettori. E non per ultimo, anche perchè questa raccolta, nonostante le amarezze provate e sofferte dai due poeti, non ha - ciò che oggigiorno non è affatto ovvio - niente di esacerbante. - Forse infonde persino speranza ...

Wolfgang Herwig

Vanitas

Cerchi disperatamente
d'affogare le tue apatie
nelle fughe apparenti
e non ti accorgi
che lentamente muori

G.S.

Vergänglichkeit

Du versuchst verzweifelt
in den scheinbaren Fluchten
deine Apathien zu ersticken
und merkst nicht
daß du langsam stirbst

Spektral

Die Salzspur entlang
löscht meine Zunge
Sichtbares aus
hinter der Brechung
des Lichts
- ein Vorgang,
geschichtslos.

K.M.

Spettrale

Lungo la traccia salebrosa
cassa la lingua mia
cosa visibile
dietro la rifrazione
della luce
- un atto
senza storia

Preludio

Un solco sull'anima
indicava la direzione
e come la linea
del destino
si perdeva tra
le pieghe della mano
esso si perdeva
nei labirinti della
cecità

G.S.

Anzeichen

Eine Furche auf der Seele
zeigte die Richtung an
und wie die Schicksalslinie
sich zwischen den Handfalten
verlor
verlor sie sich
in den Irrgärten
der Blindheit

Wir

Wir sind
Entfernungen,
aber auch immer Weg.

An welcher Kreuzung
werden wir
Begegnung sein ?

K.M.

Noi

Siamo distanze
ma pur anche
cammino.

A quale incrocio
saremo
incontro ?

Sulla soglia

E' tempo d'andare
ognuno nel proprio
sogno
ognuno col proprio
destino
un raggio illumina
le mie emozioni
e ne colora le sagome
poi la paura

G.S.

Auf der Schwelle

Es ist Zeit zu gehen
jeder im eigenen
Traum
jeder mit dem eigenen
Schicksal
ein Strahl erleuchtet
meine Gefühle
und färbt die Formen
dann die Angst

Angst

Im Alabasterblau
der Dämmerung
reiße zum Schweigen
den Mund ich auf,
höre das Nebelhorn,
dieses Warnsignal
eines verspäteten Herbstes,
und zu keinem Echo
mehr fähig,
sinke ich ab
hinter zwei
berstenden Schläfen.

K.M.

Angoscia

Nel blu alabastrino
del crepuscolo
la bocca spalanco
per tacere,
sento da nebbia la sirena
allarmante segnale
di un tardivo autunno
di far eco
non più capace
precipito
dietro due tempie
dirompenti.

L'addio

Nella speranza
che la certezza
diventi astrazione
ti guardo negli occhi
e chiudo la porta ...
nel silenzio
le attese bruciano
e nel fuoco
ritrovo la pace

G.S.

Der Abschied

In der Hoffnung
daß die Sicherheit
Abstraktion werde
schaue ich dir in die Augen
und schließe die Tür ...
in der Stille
brennen die Erwartungen
und im Feuer
finde ich den Frieden wieder

Wort

Mit hörbarer Stimme
stärken
die Widerstandskraft der Worte,
die Klarheit des Sonnenlichts,
das sprachlose Eis.

Mit fester Stimme
benennen
die Farben des Herbstes,
die Zukunft der Kinder,
den ersten, den lautlosen Schnee

und immer tiefer
treiben
die Pfahlwurzel
Wort.

K.M.

La parola

A voce alta
rafforzare
delle parole la resistenza
della luce solare la chiarezza
e il mutolo ghiaccio.

Con tono deciso
denominare
dell'autunno i colori
dei bimbi il futuro
e la prima e silenziosa neve

e sempre più profonda
conficcare
la radice maestra
la parola.

Spreco

Come le pagine
di questo quaderno
strappate brutalmente
i giorni della vita
accartocciati e stropicciati
buttati nel cestino dei rifiuti

G.S.

Verschwendung

Wie die Seiten
dieses Heftes
brutal herausgerissen
die Tage des Lebens
zerknüllt und verhunzt
in den Abfalleimer geworfen

Kain

Nach meinem Bruder
gefragt
ziehe pikiert
die Augenbrauen
ich hoch:

mein Gott,
nicht um jeden
kann ich mich kümmern

K.M.

Caino

Mi chiesero
di mio fratello
le sopracciglia
stizzito
sollevai:

o dio,
ma non mi posso
curar di tutti

Domanda

Tra la quiete dell'alba
un rapace cerca meticolosamente
la sua preda oppure
una preda va incontro al suo
destino ?

G.S.

Frage

In der Stille der Dämmerung
sucht ein Raubvogel erbarmungslos
seine Beute oder
geht eine Beute ihrem
Schicksal entgegen ?

Lied

An einer Mauer steh'n
und dann ein Kugelsieb -
tauge nicht zur Tragödie,
bin nicht dafür der Typ.

Oder an Brüsten vergeh'n,
süchtig nach ihrem Mohn -
ach, die genormten Dinger,
griffig und vollsynchron.

Mit Romeo nichts zu schaffen
und auch mit Ziska nicht.
Ein weißes Transparentchen
der Angst ist mein Gesicht.

Bestenfalls Irgendeiner,
der fernerliefen stirbt.
Auf dessen Grab keine Lerche
und keine Nachtigall zirpt.

Was ich bis dahin mache?
Nur soviel Atem führ'n,
um mir noch was zu singen
und in die Luft ziselier'n.

K.M.

Canzone

Mettermi al muro
e poi bucherellato di pallottole
per la tragedia non son tagliato
non ne sono il tipo.

O inebriarmi tra seni
avido del loro oppio -
Ah, i cosi standardizzati
maneggevoli e sincronizzati.

Nulla da spartire ho con Romeo
e con Zisca nemmeno.
Un piccolo dell'angoscia
bianco striscione è il mio volto.

Tutt'al più uno di quelli
che innominati moriranno.
Sulla cui tomba non pigolerà
nè l'allodola nè l'usignolo.

Che farò fino ad allora?
Respirerò abbastanza
per cantare ancora un po'
cesellando nell'aria.

Trapasso

Quando la morte
ti truccherà il viso
per l'ultimo saluto
e la vita ti si
concederà
per l'ultima volta
quando le voci fievoli
sfumeranno
intorno al letto
e tu pilota senza rotta
perderai il controllo
del tuo corpo
nessuno ti seguirà
lungo il cammino
e tutti guarderanno
il tuo sguardo di paura
tra non molto
suonerà la tua campana
ma non ne sentirai
nemmeno l'eco
tra non molto
indosserai abiti nuovi
ma non ti specchierai
più nello specchio
nè potrai sentire
il tuo profumo
nel dolce oblio
della staticità perenne
t'adagerai nel nulla
e sulla terra un fiore
per brevi attimi di tempo
ti ridarà la vita
per salutarti da morto

G.S.

34

Übergang

Wenn der Tod
dir das Gesicht schminkt
für den allerletzten Gruß
und das Leben sich
dir zum letzten Mal
schenkt
wenn die matten Stimmen
um dein Bett
verfliegen
und du ein Pilot ohne Kurs
die Kontrolle
über deinen Körper verlieren wirst
wird keiner dir folgen
auf deinem Weg
und alle werden
deinen ängstlichen Blick sehen
bald
wird deine Glocke erklingen
doch du wirst sie nicht hören
auch nicht das Echo
bald
wirst du neue Kleider tragen
doch du wirst dich nicht mehr
im Spiegel betrachten
du wirst auch nicht
deinen Duft wahrnehmen können
im süßen Vergessen
der ewigen Starre
du wirst dich dem Nichts überlassen
und auf der Erde eine Blume
für kurze Augenblicke
wird dir das Leben wiedergeben
um dich als Toten zu begrüßen.

Übergang

Wegwarte
am wildkrautblühenden Rande:
eilwärts geköpft
von südwärts rollenden Rädern.

Ich geh im Walde
so für mich hin zwischen
entlaubten Bäumen und sehe
die Risse am Himmel nicht.
Fern werden wir ihm sein,
wenn der Tag kommt
mit blitzendem Spiel
auf der Knochenflöte.

Noch singen wir auf Antennendächern
Zukunftsmusik oder grüne Lieder
vom Mond, der aufgegangen,
vom Brünnlein vor dem Tore,
der Linde vor dem Vaterhaus.

Der Wald steht schwarz
und schweiget.
Das Rauschen der Ozeane
ist verstummt.

K.M.

36

Transizione

Radicchio
sul ciglio fiorente erba selvatica:
decapitato rapidamente
da ruote che corrono al sud.

Per il bosco giro
tra me e me e tra
sfrondati alberi, non vedo
del ciel le crepe.
Gli sarem lontani
quando verrà quel giorno
con lampeggiante suono
di flauto d'osso.

Sui tetti antennati ancor intoniamo
verdi canzoni
oppure canti ai castelli in aria,
della sorgente luna,
della fontella davanti la porta,
del tiglio davanti la casa paterna.

Nera è la foresta
e tace,
degli oceani il mugghio
è ammutolito.

La beffa

Nei sorrisi
e nelle nostre
ceneree facce
lungo il cammino
poche speranze
e sulle
marmoree lapidi
i nostri dati
inghiottiti dal tempo
beffano il destino

G.S.

Der Spott

Im Lächeln
und in unseren
aschfahlen Gesichtern
den Weg entlang
wenig Hoffnung
und auf
marmornen Grabsteinen
unsere Daten
verschluckt von der Zeit
verspotten das Schicksal

Tod

Streich dir die Strähne aus der Stirn
Oder laß es den Wind tun!
Mehr geschieht dir nicht,
Wenn er dich anrührt,
Der Tod.

Was da steht, wird fallen; Straßen von Ephesus her
Oder von Selinunt. Und Hellas legt sich ins Dunkel.
Über Städten aus Hochmut: Feuer und Rauch -
Rom, Peking, Moskau, New York,
Sie fallen wie Babylon auch.

Was da fährt, hält inne - und fährt dahin:
Westwärts, ostwärts. Die Schlafwagenlichter erlöschen.
Es senkt der Jäger den Bogen
Und erwartet selber den Pfeil.

Wind rollt den Staub über die Erde.
Und schattenlos zerbröckelt der Marmor
Aus attischen Tagen. Geröll und Schutt.
Die Völker nehmen es hin, schweigend -
Nur manchmal ein Herz, das sich empört.

K.M.

La morte

Sgombra le ciocche dalla tua fronte,
o che lo faccia il vento!
Di più non ti succederà
quando ti sfiorerà,
la morte.

Quel che si erge, cadrà; strade da Efeso
o da Selinunte. Nelle tenebre l'Ellade si coricherà.
Sulle città di superbia: fiamme e fumo -
Roma, Pechino, Mosca, Nuova York,
cadranno, come Babilonia, un di.

Quel che va si fermerà - e svanirà:
a oriente, a occidente. Si spegneranno dei vagoni-letto le
luci.
Poserà il cacciatore l'arco
aspettando lui stesso la freccia.

Il vento sulla terra la polvere spargerà.
E di stile attico il marmo, senza gettar ombra
si sbriciolerà. Detriti e macerie.
I popoli sopportano, tacendo -
Sol di tanto in tanto si ribella un cuore.

Autunno

La primavera dei caroselli
è terminata con la caduta
dei tuoi capelli
lungo il viale spoglio
tartarughe in letargo
e la tristezza di colori
addormentati
segnano il tempo
le tue guance invisibili
tra i rami intimiditi
della quercia spoglia
si tingono di rosso
e tremano di paura
poi la pioggia malinconica
ed i camini fumanti

G.S.

Herbst

Der Frühling der besten Jahre
ist mit deinem Haarausfall
zu Ende
entlang der nackten Allee
lethargische Schildkröten
und die Traurigkeit
der eingeschlafenen Farben
zeigen die Zeit an
deine unsichtbaren Wangen
zwischen den eingeschüchterten Ästen
der nackten Eiche
färben sich rot
und zittern vor Angst
dann der melancholische Regen
und die rauchenden Schornsteine

Städte

Mit dem Rauch des Vorortzuges
gereist
durch den rostigen Mauermorgen
um sieben, wenn die Arbeit läutet.
Auf der Straßensteppe gewandert
zwischen murmelnden Häusern,
blind und matt
unter fortwährenden Schlägen,
und jeder Schritt ein Opfergang
für diese Stadt.
Mit den Augen im Neongeäst
hängengeblieben
unter Wimpeln und Wimpern, Schlotschrei
der Fabriken, Sirenenpfiff -
durch die Städte,
den Kreuzungsdonner, den Laternenpfad,
den Sonnenfluß zu Mittag -
es rollte alles durch dein Herz -
Liebespaare in fischigen Schwärmen
vor Kinomäulern ausgeatmet,
pfeilschnelle Durchfahrt
eines Bestattungsautos, Herzschläge
vorbeilaufender Hunde, Signal, Lichter,
Ahnung von Bäumen und murmelnden Bächen
unter Straßenplatten - alles fern,
alles nah - nur,
wer bist du? Kannst du dich
an dich erinnern?

Mit dem Rauch des Vorortzuges gereist
durch den rostigen Mauerabend.

K.M.   44

Città

Andato con il fumo dell'accelerato
attraverso la mattina di mattoni, arrugginita,
alle sette, quando il lavoro chiama.
Ha vagato per steppa asfaltata
tra edifici mormoranti,
cieco e spossato
sotto incessanti percosse,
ogni passo un sacrificio
per questa città.
Con gli occhi nei rami di neon
impigliati
tra gagliardetti e ciglia, urla di ciminiere
di fabbriche, fischi di sirene -
attraversa le città,
fragore assordante agli incroci, sentiero di lanterne,
per un solare fiume nel meriggio -
tutto rotolava per il tuo cuore -
coppiette come branchi di pesci
espirate da boccacce di cinema
passagio fulmineo
di un'auto funebre, battiti di cuore
di cani che passano, segnale, luci,
presentimento di alberi e di mormoranti ruscelli
sotto il lastricato - tutto è lontano
tutto è vicino - ma,
chi sei ? Puoi ricordarti
di te ?

Andato con il fumo dell'accelerato
attraverso la sera di mattoni, arrugginita.

Ritornello

Come la luce del sole
e come le chimere perse
come l'acqua del mare
in penombra riflessa

Come i messaggi non visti
e come le apparenze velate
come lo stupro del consumo
in vetrine ornate

Come i saggi
e come i virulenti
come le madame succulente
come il sordo
e come l'utopia
come tutti noi
nel girotondo
del quanto è bello il mondo

G.S.

Ritornell

Wie das Licht der Sonne
und wie die verlorenen Hirngespinste
wie das Wasser des Meeres
in Halbschatten gespiegelt

Wie die nicht gesehenen Botschaften
und wie die verschleierten Erscheinungen
wie die Vergewaltigung durch den Konsum
in geschmückten Schaufenstern

Wie die Weisen
und wie die Boshaften
wie die fülligen Damen
wie der Gehörlose
und wie die Utopie
so wie wir alle
im Reigentanz
zu Wie-schön-ist-die-Welt

Hannover, Altes Rathaus

Wenn ich vorbeigehe,
Ratslaube, daneben der Neidkopf,
Fratze schneidend, aufgerissen
das Maul mit beiden Händen,
denke ich:
hier stand im Mittelalter
der Pranger, wurde geschunden
gehenkt, gevierteilt morgens
nach der Messe ausgeweidet
gerädert, verbrannt: Gaudi
für die gelangweilten Bürger
sonntags.

Schon damals, sage ich mir
im Schlagschatten der Marktkirche,
schon damals
war das Wort zum Sonntag
keineswegs das Wort
zum Alltag.

K.M.

48

Hannover, il Municipio Vecchio

Passando accanto al portico del Municipio,
ecco la testa dell'invidioso
facendo boccacce, bocca spalancata
con ambedue le mani,
penso:
qui c'era nel medioevo
la gogna, scorticarono,
impiccarono, squartarono di mattina
dopo la messa, sbudellarono,
arrotarono, bruciarono: uno spasso
per i cittadini annoiati
la domenica.

Già allora, mi dico
all'ombra della chiesa in Piazza Mercato,
già allora
era la predica per la domenica
nient'affatto
la predica per tutti i giorni.

Traguardo

Case in silenzio
uccidono il tempo
sul campanile
una lumaca ride
priva di giovinezza
ansiosa e morta

G.S.

Ziel

Häuser in Stille
schlagen die Zeit tot
auf dem Glockenturm
lacht eine Schnecke
der Jugend beraubt
begierig und tot

Heilsame Nacht

Träumte mir, daß mir träumte,
fliegen zu können
aus Blau ins Blau -
und in diesem geträumten Traum
erwachte ich, stürzte mich
von der Klippe, zerschellte lautlos
am Fels, und die Vögel begruben
mich still.

War eine heilsame Nacht,
hat mir die Flügel gestutzt,
einem, der fliegen wollte
aus Blau ins Blau.

K.M.

52

Notte salvatrice

Sognai di sognare
di poter volare
dal blu nel blu -
e in questo sogno sognato
mi svegliai, mi gettai
dallo scoglio, mi sfracellai senza rumore
sulle rocce, e gli uccelli mi seppellirono
silenziosamente.

Fu una notte di salvezza,
mi ha tarpato le ali,
a me, che volevo volare
dal blu nel blu.

Vento

Senza catene
urli ferito
la tua selvaggia

G.S.

Wind

Ohne Ketten
schreist du verwundet
deine Wildheit

Staub

Jedes Kind
bekommt einen Namen
bei der Geburt

damit der Tod es
zu rufen weiß

K.M.

Polvere

Ogni bimbo
riceve un nome
alla nascita

affinchè la morte
lo possa chiamare

Terra amara

Partirono le navi
cariche di povertà
e di patenze
quante promesse
non mantenute
e quanti morti
nelle terre occupate
partirono le navi
per mete lontane
e solo pochi
tornarono a casa
troppi pochi
per essere notati
partirono i treni merci
carichi d'emigranti
alle stazioni lacrime
e dolori
all'arrivo baracche
tolsero loro la dignità
se non fosse stato
per quella maledetta fame
se ci fosse stato lavoro
se avessimo avuto più senso
forse saremmo rimasti laggiù

ma a cosa serve ora gridare
se chi ti sta davanti è sordo
ci presero le terre
e ci portarono monumenti
ci promisero lavoro
e ci dissero di tacere

Bittere Erde

Die Schiffe fuhren
mit Armut und
Leid beladen
wieviele Versprechen
nicht gehalten
und wieviele Tote
in den besetzten Feldern
die Schiffe fuhren
zu fernen Zielen
und nur wenige
kamen nach Hause
sehr wenige
um beachtet zu werden
die Güterzüge fuhren
mit Emigranten beladen
in den Bahnhöfen Tränen
und Schmerzen
bei der Ankunft Baracken
sie nahmen ihnen die Würde
wenn es nicht wegen
des verfluchten Hungers gewesen wäre
wenn es Arbeit gegeben hätte
wenn wir mehr Verstand gehabt hätten
vielleicht wären wir da unten geblieben

aber was nützt es jetzt zu schreien
wenn dein Gegenüber taub ist
sie nahmen unsere Felder
und brachten uns Monumente
sie versprachen uns Arbeit
und befahlen uns zu schweigen

poi l'emigrazione
e milioni milioni milioni
e milioni di contadini
attaccati alla catena di montaggio
pensano di tornare
quanti di questi potranno baciare
quella terra amara

G.S.

dann die Emigration
und Millionen Millionen Millionen
und Millionen von Bauern
an das Fließband gekettet
denken an die Rückkehr
wieviele von diesen
werden jene bittere Erde küssen können

Aus dem Gesang "Jahrgang 30"

Wir lieben die Erde.
Verdient sie es nicht, geliebter zu sein ?
Sie könnte uns jene Heimat bedeuten,
von der wir ahnen
in den Nächten.

Jene, die sie ahnten
in den Nächten -
jene, die begriffen,
wovon sie ergriffen
seit Anbeginn,
sie waren immer - es ist bezeichnend -
einsam,
und dies ist ihr Wissen:
Versprechungen sind nur die Lebenden,
Menschlichkeit ist nur ein Wort, zu fassen, was
Wirklichkeit wäre,
vernähmen alle das Lied, das die Erde singt
höchsten Erwartungen zu.

Alles bebt nach Veränderung.
Aber es wird nicht zu ändern sein,
daß nichts sich verändert.
Es haben vergeblich sich Große geopfert,
die ihren Alleingang bezahlten
mit einsamem Irrsinn.
Sie haben die Muster gefertigt
abseits der Städte
im Hochwald.

Dalla canzone "La classe del 30"

Amiamo la terra.
Non se lo merita di essere amata di più ?
Potrebbe essere quel paese intimo
di cui abbiamo un presentimento
nelle notti.

Coloro che lo presentirono
nelle notti
coloro che intesero
fin dall' inizio
quel che li colpì
furono sempre - è significativo -
soli
ed ecco quel che sanno:
promesse sono solo i viventi,
umanità è solo una parola per intendere
quel che sarebbe la realtà,
intendessero tutti la canzone intonata dalla terra
alle massime aspirazioni.

Tutto trema di mutamento.
Man non si potrà mutare il fatto
che niente muterà.
Inutile il sacrificio di quei grandi
che scontarono l'azione solitaria
con solitaria pazzia.
Hanno eretto modelli
lontano dalle città
in piena foresta.

Ihr aber
habt Euch ergeben Euren Vergangenheiten
und verlangt,
daß wir uns ergeben Euren Vergangenheiten.
Ihr habt
aus der Erde einen Ort gemacht
der Heimsuchungen
für Eure Teufeleien im Zeichen der Nächstenliebe.
Ihr habt
aus bebenden Händen derer
die Fahnen gerissen, die sie erhoben hatten
im Namen neueren Menschentums.
Euer Schweigen hat sie getötet
diese Atemlosen hoher Verkündigungen
und neuer Anfänge:
Georg Heym und Franz Marc, Tucholsky und Majakowski,
Gerrit Engelke, Lorca und Che Guevara -
Nicht Hitler allein war es, der uns betrog
um Heimaten,
nicht die eherne Zeit -
Baldur von Schirach, welche Verwesung
von einst großen Verkündigungen ! -
Euer Schweigen war es,
das verbluten ließ die Generation ohne Heimkehr
zwischen Narvik und El Alamein -
Euer ganzes oder halbes Ja war es,
das die Erde dampfen ließ
zwischen Stalingrad und der Normandie -
und die nicht verbluteten damals,
die überlebten im Keimen der Gräser,
betrogen uns abermals
als sie die Hoffnungen zerstörten
des Jahres Fünfundvierzig.
. . .

Ma voi
vi siete arresi al vostro passato
e pretendete
che noi ci si arrenda al vostro passato.
Voi avete
fatto della terra un luogo
d'afflizione
per le vostre diavolerie all'insegna dell'amore per il prossimo.
Voi avete
strappato i vessilli
dalle mani frementi di chi li aveva issati
nel nome di una nuova umanità.
Il vostro silenzio li ha uccisi
quegli ansiosi di eletti presagi
e di nuovi inizi:
Georg Heym e Franz Marc, Tucholsky e Majakowski,
Gerrit Engelke, Lorca e Che Guevara.
Non solo Hitler ci ha truffato
le nostre terre,
non il tempo ferreo -
Baldur von Schirach, che putrefazione
delle grandi proclamazioni di allora ! -
Fu il vostro silenzio
che fece dissanguare la generazione senza ritorno
tra Narwik e El Alamein -
Fu il vostro sì, più o meno ampio,
che fece fumar la terra
tra Stalingrado e la Normandia -
e chi non si dissanguò a quei tempi
sopravvisse nei germi dell'erba
ci truffò nuovamente
distruggendo del quarantacinque
le speranze.
. . .

Verdammt dazu, zu töten,
und dieses Tötens wegen
schon wie für immer getötet
von denen, die nach uns kommen,
oder getötet zu werden
von dem, was Ihr Segnungen nennt,
oder uns selbst zu töten,
bevor wir gezwungen werden, zu töten -
wo ist da ein Ausweg ?

Wir
schon für immer getötet
seit wir zu leben begannen

wir Mädchen
aufgewachsen im Schmutz zerbrochener Ehen,
wachgeworden im Dickicht großer Verwüstungen,
schon gezeichnet, bevor wir gezeichnet wurden

und wir
Jungen, ohne Erbe und Auftrag -
aufgewachsen im Schrei der Luftschutzsirenen,
ins Leben gejagt mit Brandbomben und Luftminen,
vertraut gemacht mit Sterben und Tod,
ausgeliefert Eurer Erfolgs-Leistungs-Gesellschaft
wir
verbringen unser Blühen mit Eurem Verwelken

wir alle
gebracht um Nächte voll Taugras und Weite -
wir legen die Hand in die Wunde, die auch Ihr kennt
in Euren stillsten Minuten.

Condannati ad uccidere
e per quest'uccidere
già come uccisi per sempre
da quelli che verranno dopo di noi
o ad essere uccisi
da ciò che chiamate grazia
e a suicidarsi
prima di essere costretti ad uccidere -
c'è una via di scampo ?

Noi
già uccisi per sempre
da quando incominciammo a vivere,

noi ragazze
cresciute tra i panni sporchi di rovinati matrimoni
destate nel groviglio di enormi distruzioni
già segnate prima di essere concepite

e noi
ragazzi senza eredità e senza prospettiva -
cresciuti all'urlo delle sirene degli allarmi aerei,
mandati a vita con granate incendiarie e mine aeree,
familiarizzati con il morire e con la morte
fatti schiavi della vostra società-del-successo-e-dell'efficienza
noi
trascorriamo il nostro fiorire con il vostro appassire

noi tutti
derubati di notti colme di rugiada d'erba e di vastità -
posiamo la mano sulla piaga che conoscete anche voi
nei vostri momenti di raccoglimento.

In Euren stillsten Minuten
hätte man glauben können, es geschähe -
die Stimme versagte
vor welcher Ahnung des Möglichen -
ausgebreitet erwarteten Arme die ferne Umarmung,
aus Trümmerlippen entstanden Sonette, rettende,
hingekniete -

dann war es vorbei, das alterte über Nacht -
ein kaum gewagtes Ahnen . . .
Und mit jenem Blick, dem gestern noch Euer Anders-Sein
entsprang, dem jetzt die Scham nimmt
das Hingebrochen-Sein,
wendet Ihr Euch ab und sucht nach Formeln Eurer Bestätigung.

Und Ihr, I h r wollt u n s adeln
mit Euren Niederlagen ? Wollt u n s Wege weisen
in Eurem Versagen ?
Nennt uns zornig oder skeptisch, Beatniks,
Hippies, Gammler, Sympathisanten oder Radikale ?
Vielredend deckt Ihr zu, daß wir
Hintergangene sind, Betrogene, Verleumdete.
Wir überlassen es Euch, wenn Ihr Fragen braucht,
unser langsames Sterben zu fassen.

K.M.

Nei vostri momenti di raccoglimento
si sarebbe potuto credere: finalmente succede -
la voce venne meno
davanti a tale presentimento del possibile -
aperte aspettavano le braccia un abbraccio lontano,
da labbra di macerie nacquero sonetti, liberatori e
proni -

poi il tutto passò, invecchiò in una notte -
un presentimento appena azzardato ...
E con quello sguardo, dal quale ancor ieri
scaturiva il vostro esser-diversi,
il vostro crollo esorcizza ora la vergogna
volgete le spalle cercando formule di autoconferma.

E voi, voi ci volete nobilitare
con le vostre sconfitte ? Volete indicarci la via
nel vostro fallimento ?
Ci battezzate rabbiosamente, scetticamente, beatniks,
hippie, capelloni, simpatizzanti o radicali ?
Con eloquenza prolissa occultate che
siamo noi gli ingannati, i diffamati.
Sta a voi, se avete bisogno di domande,
capire il nostro lento morire.

Il compleanno di Marco

Nel ghiaccio condensate
promesse di ritorno
ornano la panca muta
piatti sporchi e
vocii di gente
visite annoiate
dai visi stanchi
occupano poltrone
grasse di dolori
fumanti spaghetti
uccidono la fame
boccali di vino
la tristezza che
portiamo in corpo ed
il giradischi irrequieto tace
costretto al silenzio
dalla vecchia accanto
psss ! non gridare psch !
parla piano sccc ! non
alzare la voce ridi piano
fai smettere di piangere
il bambino
e tra i colori sfumati
d'un quadro
giù per le scale all'ingresso
un nome italiano
la polizia affannata
un'anziana guardona contenta
la festa di Marco annullata

G.S.

Marcos Geburtstag

Im Eis schmücken
kondensierte Versprechen der
Rückkehr
die stumme Bank
schmutzige Teller und
Geschrei der Leute
gelangweilte Besucher
mit matten Gesichtern
besetzen Sessel
fettleibig vor Schmerzen
dampfende Spaghetti
töten den Hunger
Weinkrüge
die Traurigkeit
die wir in uns tragen und
der rastlose Plattenspieler schweigt
von der Alten nebenan
zur Ruhe gezwungen
Pssst ! Schrei nicht, pscht !
Sprich leise, scht !
Heb nicht die Stimme
lach leise
beruhige das weinende Kind . .
und zwischen den verschwommenen
Farben eines Bildes
die Treppe hinunter am Eingang
ein italienischer Name
die atemlose Polizei
eine alte zufriedene Aufpasserin
zerstört ist Marcos Fest

Demo

Neulich, als
Leute am Boden geschleift
und in grünen Autos
wegtransportiert wurden
(nicht nach Auschwitz, glaub ich),
bellten Schäferhunde
in der Nacht, vom Wolf abstammend,
Adolfs Liebling, und ein Mann
jener Generation sagte beim Anblick
einer Achtzehnjährigen, blutig
geschleift über den Asphalt:
Das ist kein Staat
der Hitlernachfolger, durchaus nicht.
Hier darf man.

K.M.

Manifestazione

Ultimamente
gente trascinata per terra
portata via in
furgone
(non a Auschwitz, credo),
canea di cani pastori
nella notte, di discendenza volpina,
cari a Adolf, e un uomo
di quella generazione, vedendo
una diciottenne trascinata sanguinante
sull'asfalto, disse:
il nostro non è uno stato
dei successori di Hitler, veramente no.
Qui è permesso.

Uomo

Immagina
se un giorno
tutto quello
che ti circonda
ti saltasse addosso
forse capiresti
la tua violenza
e nella tua impotenza
la tua agonia

G.S.

Mensch

Stell dir vor
eines Tages
fällt
alles was dich umgibt
über dich her
vielleicht begreifst du dann
deine Gewalttätigkeit
und in deiner Ohnmacht
deine Todesangst

Der kommende Mann

Gestern noch kam er als Bettler,
in zerschlissene Parolen gekleidet.
Heute stolziert er in Tressen.
Der Krebs ist kreditwürdig geworden,
es platzt ihm der Rock in den Nähten.
Der kommende Mann !
raunt man es sich zu, Herr
über Aktien und Tod. Schon
kürzt er die Zahlungstermine.
Morgen zeigt er sein wahres Gesicht:
zerfetztes Gedärm, zwei Bomben
anstelle der Augen. Morgen schon
führt er sein eisern Gespann
rasselnd über die Städte.

K.M.

Il carrierista

Ancor ieri un mendicante
di parole cenciose vestito
oggi tronfio e gallonato.
Degno di credito è ora il cancro
l'epa gli fa scoppiar la giacca.
L'uomo del futuro !
si sussurra, padrone
di azioni e di morte. Già
abbrevia i termini di pagamento.
Domani mostrerà il suo vero volto,
budella lacerate, due bombe
al posto degli occhi. Già domani
condurrà la sua ferrea carrozza
sferragliante attraverso la città.

Emozioni - Sentimenti - Desideri - Piaceri
Stanchezza - Dolori - Frustrazioni
Equilibrio - Essenza
Astrazione
Io

Io
Astrazione
Equilibrio - Essenza
Stanchezza - Dolori - Frustrazioni
Emozioni - Sentimenti - Desideri - Piaceri
Amore - Odio - Vita - Morte - Sublimazione - Energia

G.S.

Gefühle - Empfindungen - Sehnsüchte - Genüsse
Müdigkeit - Schmerzen - Frustrationen
Gleichgewicht - Wesentliches
Abstraktion
Ich

Ich
Abstraktion
Gleichgewicht - Wesentliches
Müdigkeit - Schmerzen - Frustrationen
Gefühle - Empfindungen - Sehnsüchte - Genüsse
Liebe - Haß - Leben - Tod - Sublimierung - wirkende Kraft

Nirgendwo

Wie flüchtig alles verweht,
was ich beständig glaubte,
wie kalt die Narben brennen,
die ich mir selber schlug,
die Jahre alle, die Jahrzehnte -
wie leicht das alles vorbei ist.
Die Kirschbaumblüten, den
Hahnenfuß, die Krähenzehe
verlor ich aus dem Blick,
den Ginster auch, die Schlüsselblume.
Wie dumpf das pocht, wie unausweichlich das
schmerzt, keine Anfragen mehr
an mich selber, kein Zerwürfnis mehr,
das sinnvoll wäre, verwest
das Hoffen auf ein
Irgendwas, das Sehnen
nach ein Irgendwo, das Wasser,
stehend mir zum Hals, wird
nicht abgepumpt.

Leute ihr, die ihr dies lest,
erbarmt euch meiner -
Am End bin ich, ich bin am End.

K.M.

In nessun luogo

Come tutto si dissipa fugacemente
cui continuamente credetti
come brucian fredde le piaghe
che mi apportai io stesso,
gli anni tutti, i decenni -
come tutto è passato semplicemente.
I fiori del ciliegio
il ranuncolo, la sardonia
persi di vista
anche la ginestra e la primula.
Che battito sordo, inevitabile
sofferenza, non mi domando
più niente, non più discordia
che abbia senso, imputridita
è la speranza in qualche cosa,
imputridito è l'anelito
di un qualche luogo, l'acqua
l'ho alla gola, non viene
pompata via.

Lettore
abbi misericordia di me -
ho finito e sono sfinito.

Anhang

Appendice

Note biografiche

Biographische Anmerkungen

Kurt Morawietz

Geboren 1930 in Hannover, Niedersachsen; lebt dort, tätig in der Stadtverwaltung Hannover seit 1944, im Kulturamt der Stadt seit 1962.

Mitherausgeber der Zeitschrift "Sprachrohr der Jungen" (1948). 1953/54 Herausgeber der Karl-May-Rundschrift "Am Lagerfeuer". Gründer (1955) und Herausgeber der Zeitschrift für Literatur, Kunst und Kritik "die horen" mit bisher 150 Bänden im 33. Jahrgang (1980 Alfred-Kerr-Preis für Literaturkritik).

Mitglied des P.E.N., des Verbandes deutscher Schriftsteller (VS) seit 1959, dort im Vorstand für Niedersachsen 1969-1981; Vorstand und Vorsitz des Fördererkreises deutscher Schriftsteller in Niedersachsen/Bremen 1974-1987; Beiratsmitglied verschiedener Gesellschaften, so des Hannoverschen Künstlervereins, der Deutsch-Italienischen Gesellschaft, der Karl-May-Gesellschaft, der Schiller-Gesellschaft, des Heimatbundes Niedersachsen. Geschäftsführer der Gerrit-Engelke-Gedächtnis-Stiftung.

1963 Auslandsstipendium des Auswärtigen Amtes, Bonn, für Italien; 1971 Lyrik-Preis im Wettbewerb "Junge Dichtung in Niedersachsen"; 1982 Künstlerstipendium für Literatur des Landes Niedersachsen; 1986 Literatur-Marktpreis der Literanover (3 Bücher-Plastiken von Hans-Jürgen Breuste).

Zahlreiche Beiträge seit 1946 in Tageszeitungen (bis 1952 vorwiegend der deutsch-amerikanischen Presse in den USA), in Zeitschriften (1955-75 vorwiegend in den "horen") und Kalendern, im Rundfunk, auf Schallplatten, in Sammlungen (u.a. "Große Niedersachsen", 1961; "Literatur in Niedersachsen", 1983; Leseheft Literanover 1987) und bisher in 90 Anthologien; Lyrik und Prosa übersetzt ins Englische, Schwedische, Dänische, Serbokroatische, Slowenische, Polnische.

Zahlreiche Bücher (Lyrik, Prosa, Essay) und Herausgaben seit 1949, darunter über Gerrit Engelke, Gottfried Wilhelm Leibniz, drei Bände über Herrenhausen, vier Bände "niedersachsen literarisch".

Kurt Morawietz

è nato nel 1930 ad Hannover, Bassa Sassonia, dove tuttora risiede; impiegato dell'Amministrazione comunale dal 1944, lavora dal 1962 presso l'Ufficio comunale per la Cultura.

Coeditore della rivista "Sprachrohr der Jugend" (Il portavoce della gioventù). 1953-54: editore della rivista della Società Karl May "Am Lagerfeuer" (Al fuoco del bivacco). 1955: fondatore e editore della rivista di letteratura, arte e critica "die horen" con la publicazione di 150 libri in 33 anni. (1980: premio Alfred Kerr per la critica letteraria).

Membro del P.E.N., dal 1959 anche dell'Associazione degli scrittori tedeschi (VS), membro della presidenza per la Bassa Sassonia dal 1969 al 1981; dal 1974 al 1987 amministratore e presidente del Circolo letterario della Bassa Sassonia e di Brema; membro consigliere di vari associazioni (del Circolo artistico di Hannover, della Società italo-tedesca, della Società Karl May, della Società Schiller), della società Heimatbund Bassa Sassonia; amministratore della Fondazione in memoria di Gerrit Engelke.

1963: borsa di studio del Ministero federale degli Esteri (Bonn) per l'Italia. 1971: premio del concorso "Giovani poeti della Bassa Sassonia"; 1982: borsa di studio (letteratura) del Land Bassa Sassonia; 1986: premio letterario Literanover (3 sculture di Hans-Jürgen Breuste).

Dal 1946 numerose pubblicazioni su quotidiani (fino al 1952 per lo più sulla stampa tedesco-americana degli USA), su riviste (dal 1955 al 1975 per lo più su "die horen"), in almanacchi letterari; numerosi anche i suoi lavori incisi su dischi, trasmessi per radio, compresi in raccolte (tra l'altro: "Große Niedersachsen", 1961; "Literatur in Niedersachsen", 1983; Quaderno di lettura - letteratura in Hannover 1987) e finora in 90 antologie; testi di prosa e poesia tradotti in inglese, svedese, danese, serbocroato, sloveno e polacco.

Dal 1949 autore di numerosi libri (lirica, prosa e saggistica) e curatore di altrettante pubblicazioni, tra l'altro su Gerrit Engelke, Gottfried Wilhelm Leibniz, di tre libri su Herrenhausen e dei quattro tomi "niedersachsen literarisch".

Bibliografia sull'autore

Tra l'altro: Karl Krolow, Literatur in Niedersachsen, 1973; Johann P. Tammen, Das große Sterben, das lange Leben, 1975; Walter Neumann, 20 Jahre literarisches Engagement, 1976; D.P. Meier-Lenz, Zur gegenwärtigen Literaturszene in Niedersachsen, 1977; Franz Lennartz, Deutsche Schriftsteller der Gegenwart, 1978; Hendrik Bicknaese, Die Horen - Zur Charakteristik ihrer Anfänge 1955-57, Magisterarbeit, Università di Göttingen 1982; Hans-Otto Hügel, die horen 1955 - 1985, Eine Zeitschrift aus Hannover, Ausstellungskatalog, Università di Hildesheim 1985; Film: 25 anni Horen (regia: Antje Doutinè), NDR Hamburg 1980; Trenta anni "die horen" (regia: Sieghard Hennig), NDR Hannover 1985.

Literatur über den Autor

Unter anderem in: Karl Krolow, Literatur in Niedersachsen, 1973; Johann P. Tammen, Das große Sterben, das lange Leben, 1975; Walter Neumann, 20 Jahre literarisches Engagement, 1976; D.P. Meier-Lenz, Zur gegenwärtigen Literaturszene in Niedersachsen, 1977; Franz Lennartz, Deutsche Schriftsteller der Gegenwart, 1978; Hendrik Bicknaese, Die Horen - Zur Charakteristik ihrer Anfänge 1955-1957, Magisterarbeit, Universität Göttingen 1982; Hans-Otto Hügel, die horen 1955-1985, eine Zeitschrift aus Hannover, Ausstellungskatalog, Hochschule Hildesheim 1985; Film: 25 Jahre Horen (Regie: Antje Doutinè), NDR Hamburg 1980; Dreißig Jahre "die horen" (Regie: Sieghard Hennig), NDR Hannover 1985.

Giuseppe Scigliano

Nato il 1951 a Cirò, Calabria; vive dal 1981 nel Niedersachsen (Osnabrück e Hannover) come insegnante, scrittore e pittore. Socio dell' associazione scrittori tedeschi (VS), del gruppo artistico ZET, Hannover, e del' gruppo autori progressivi PegasOS, Osnabrück. Letture e mostre in diverse città della Germania. Liriche, prosa, recensioni in giornali/riviste italiani e tedeschi. Lavori in antologie, le più recenti: Dies ist nicht die Welt, die wir suchen (Klartext-Verlag, Essen),1983; Dopo ieri (Edition CON, Bremen) 1983; Der Tanz der Fremden (Polikunst-Jahrbuch) 1984; Liebesgedichte von Männern (Edition Trèves, Trier) 1986; Wort Felder (Gauke GmbH Verlag, Hann. Münden) 1986; Literatur im Moor 2 (Springintgut-Verlag, Metjendorf b. Oldenburg) 1986; Quaderno di lettura (letteratura in Hannover) 1986.

Raccolte di poesie: Radici al sole - Wurzeln in der Sonne, Edition Collage, Hildesheim 1986. Il libro è giunto alla terza edizione.
Insieme allo scrittore Klaus Thomas Schnittger di Osnabrück: Danza acrobatica tra le dita - Seiltanz zwischen den Fingern, Edition Collage, Hildesheim 1987.
Disco: Testo ed interprete del brano "Terra Amara" nell'Album "Vogghiu Cantari" del gruppo "Arte e Musica", Edition Collage, Hildesheim 1986.
Nel 1986 Scigliano vince il primo premio di poesia al concorso "Premio Wolfsburg 1986" indetto dall'Istituto Italiano di Cultura di Wolfsburg.
Testi dell'autore, sono stati presentati in radio e in televisione.

Giuseppe Scigliano

Geboren 1951 in Cirò, Calabrien; lebt seit 1981 in Niedersachsen (Osnabrück und Hannover) als Lehrer, Schriftsteller und Maler. Mitglied des Verbandes deutscher Schriftsteller (VS), der Künstlergruppe ZET, Hannover, und des Autoren Progressivs PegasOS, Osnabrück. Lesungen und Ausstellungen in verschiedenen deutschen Städten. Lyrik, Prosa, Rezensionen in italienischen und deutschen Zeitungen/Zeitschriften. Beiträge in Anthologien, zuletzt: Dies ist nicht die Welt, die wir suchen (Klartext-Verlag, Essen) 1983; Nach dem Gestern (Edition CON, Bremen) 1983; Der Tanz der Fremden (PoLiKunst-Jahrbuch) 1984; Liebesgedichte von Männern (Edition Trèves, Trier) 1986; Wort Felder (Gauke GmbH Verlag, Hann. Münden) 1986; Literatur im Moor 2 (Springintgut-Verlag, Metjendorf b. Oldenburg) 1986; Leseheft Literanover 1986.

Gedichtbände: Radici al sole - Wurzeln in der Sonne, Edition Collage, Hildesheim 1986. Das Buch erscheint in der dritten Auflage.
In Zusammenarbeit mit Klaus Thomas Schnittger: Danza acrobatica tra le dita - Seiltanz zwischen den Fingern, Edition Collage, Hildesheim 1987.

Schallplatte: Text und Interpretation des Liedes "Terra Amara" auf der LP "Vogghiu Cantari" der Gruppe "Arte e Musica", Edition Collage, Hildesheim 1986.

1986 erhielt Scigliano den 1. Preis für Poesie des vom Italienischen Kulturinstitut in Wolfsburg ausgeschriebenen Wettbewerbs "Preis Wolfsburg 1986".

Texte des Autors wurden im Rundfunk und Fernsehen vorgestellt.

Traduzione

Italiano - tedesco

Francesca De Iuliis
Nata nel 1960 a Lucera, in Puglia. In Germania dal 1965, vive e
lavora ad Hannover. Dal 1982 al 1986 ha tradotto i testi di Scigliano
in tedesco ("Radici al sole", "Danza acrobatica tra le dita") ed ha
partecipato alle letture dell'autore.
In questo libro ha tradotto, tranne due, tutti i testi di Scigliano.

Tedesco - italiano

Luigi Artioli
Nato il 1935 a Venezia. In Germania dal 1955, vive e lavora come
traduttore ed interprete ad Osnabrück.
In questo libro ha tradotto: prefazione, biografie, tutti i testi di K.
Morawietz, come pure dall'italiano al tedesco "Uomo" e "La beffa"
di G. Scigliano.

Übersetzung

Italienisch - Deutsch

Francesca De Iuliis
Geboren 1960 in Lucera, Apulien. Seit 1965 in der Bundesrepublik,
lebt und arbeitet derzeit in Hannover. Von 1982 bis 1986 übersetzte
sie Texte von Scigliano ins Deutsche ("Wurzeln in der Sonne";
"Seiltanz zwischen den Fingern") und trug sie bei Lesungen des
Autors vor.
Sie übersetzte, bis auf zwei, alle übrigen Texte von G. Scigliano in
diesem Band.

Deutsch - Italienisch

Luigi Artioli
Geboren 1935 in Venedig. Seit 1955 in der Bundesrepublik
Deutschland, lebt und arbeitet als Übersetzer und Dolmetscher
in Osnabrück.
Er übersetzte Vorwort, Biographien sowie alle Texte von K. Mora-
wietz in diesem Band, ferner die Gedichte "Mensch" und "Spott"
von G. Scigliano ins Deutsche.

Giuseppe Scigliano

Kurt Morawietz